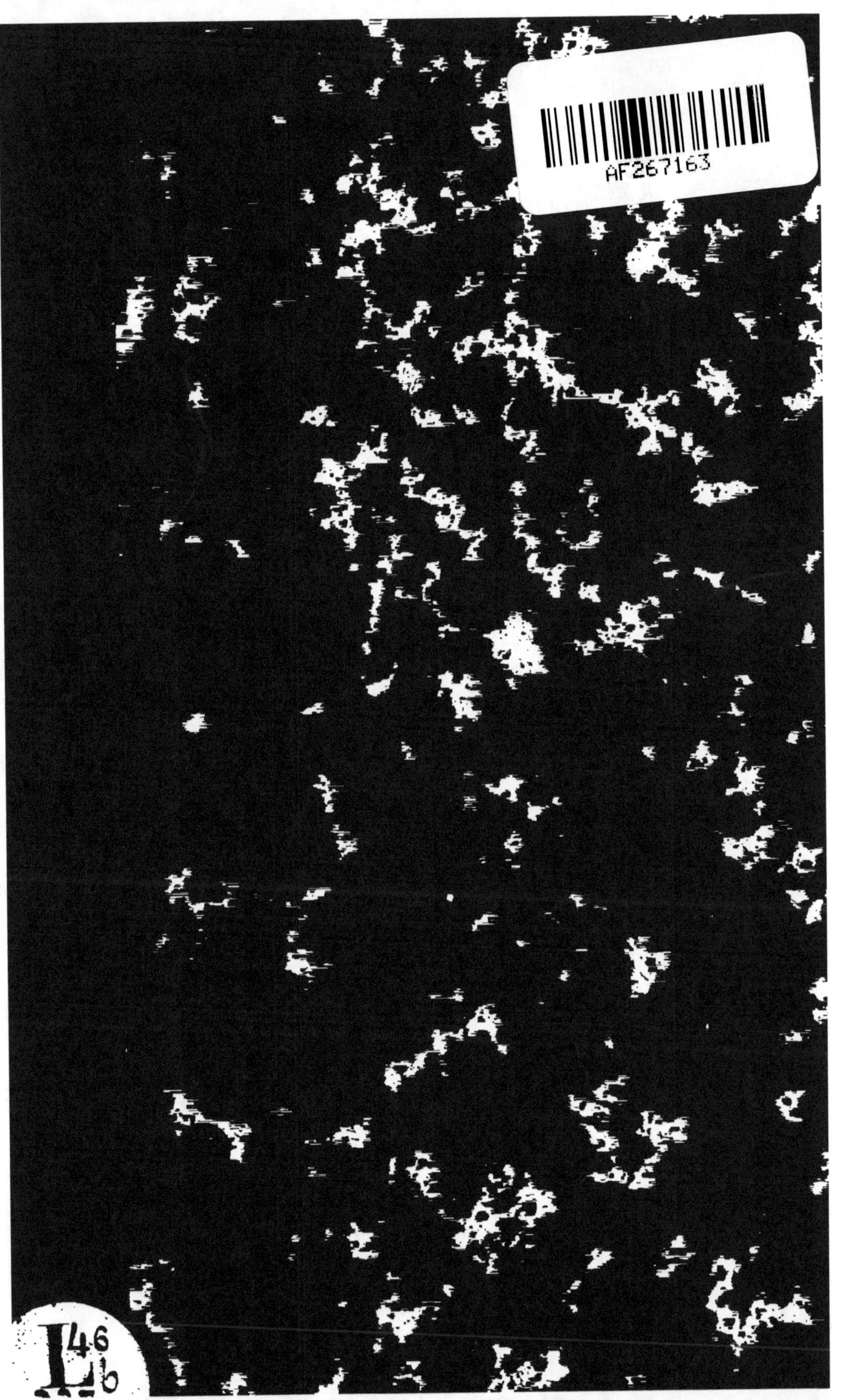

L'ÉVANGILE POLITIQUE

DE LA NATION,

OU

LES DROITS DE LA RAISON

ET

DU PEUPLE FRANÇAIS;

OUVRAGE DÉDIÉ AUX REPRÉSENTANS ET A TOUS LES CITOYENS,

PAR JOSEPH ALPHONSE.

PARIS,

CHARLES, IMPRIMEUR, RUE THIONVILLE, Nº 36.

10 MAI 1815.

L'ÉVANGILE POLITIQUE

DE LA NATION.

REPRÉSENTANS,

La France vous appelle pour vous réunir au sein de
sa capitale, pour présenter aux ennemis de sa liberté et
de son indépendance, une assemblée vraiment nationale,
dont la dévise sera UNION ET FORCE. Déjà l'Europe a les
yeux fixés sur vous, et attend le résultat de vos travaux,
qui, cette foi, ne doivent pas être vains, pour l'honneur
national. La nation que vous allez représenter a le droit
d'attendre de votre énergie, de votre prudence, de votre
sagesse et de vos lumières, le perfectionnement de ses
constitutions et l'accomplissement de la plus libérale de
toutes les révolutions politiques, qui sera finie seulement
lorsque le peuple français aura la pleine et entière jouissance de ses droits, et qu'il n'aura plus rien à désirer, en
fait de constitution.

Si la constitution française, qui doit être discutée et
améliorée par les représentans de la nation et selon ses
vœux, jurée solennellement et maintenue par le chef
de l'Etat, ne renferme, ne consacre pas tous nos principes libéraux ; si elle ne garantit point tous nos droits ;
si elle n'assure point toutes nos libertés, et particulière-

1 *

ment la liberté individuelle et de la presse; qui peut assurer que la révolution aura une fin, et que toutes les puissances divines et humaines, religieuses, politiques et militaires, pourront en arrêter le cours?

Représentans! méditez bien cette question, si vous voulez la résoudre. Consultez l'histoire de la révolution, examinez ses causes, ses effets, son origine, ses principes, ses moyens, son but suprême, sa tendance irrésistible.

Voyez la force et la puissance indestructible de l'opinion publique qui ne rétrograde jamais; et vous aurez la preuve évidente que la liberté suivra nécessairement le progrès des lumières de la raison. Malheur aux peuples et aux princes qui seront sourds à la voix de la vérité!

De même que la France a formé une armée de héros pour défendre la nation et le trône; tous les Français éclairés doivent se réunir et se tenir la main, pour former une assemblée d'hommes libres, assez courageux pour dire toujours la vérité d'un commun accord.

A l'époque où nous vivons, la première loi fondamentale de l'esprit public, comme le premier devoir de la nation, est et doit être celle-ci:

Que tout citoyen français a le droit, dans tous les temps et tous les lieux, de dire la vérité aux magistrats et aux législateurs du peuple;

Que les représentans ne doivent approcher le chef de l'Etat ou le prince de la patrie, que pour lui dire des vérités utiles, et au nom du peuple;

Que la honte publique ou l'infâmie sera décernée à quiconque aura été désigné et reconnu pour avoir osé insulter à la nation, par la flatterie et l'adulation envers le souverain ;

Qu'enfin tout flatteur, quel que soit son rang, sera éloigné du trône, de la cour, du ministère, de l'armée, des différens corps de l'Etat, et déclaré incapable d'exercer aucune fonction publique. Il peut même être banni, car les flatteurs sont les plus grands ennemis du bonheur des peuples et des princes, à qui ils cachent la vérité. Il ne faut point se borner à faire de ces principes des *maximes d'Etat;* la nation, éclairée par l'expérience, veut une loi formelle sur cet important objet, qui intéresse les mœurs et souvent le sort de la patrie ; et si on lui refuse cette loi salutaire, quelle confiance peut-elle avoir dans ses nouveaux représentans ?

La volonté toute-puissante et irrésistible de la nation et de l'opinion publique est au-dessus de celle des chefs de l'Etat : ils ne gouverneront jamais bien qu'en se mettant avec elle dans une parfaite harmonie. L'opinion s'est fortement prononcée sur l'acte additionnel, objet de sa censure. Voici des questions qu'elle adresse aux représentans, et qu'il leur appartient de résoudre conjointement avec le chef de l'empire. (1)

----

(1) J'ai voté et signé pour la constitution actuelle ; mais je me suis réservé le droit d'en discuter les points les plus sacrés ; car, en fait de dogme, comme en toute autre chose, je soumets tout à l'examen scrupuleux de la raison ; et je n'adopte rien que ce que je crois être essentiellement vrai, juste, libéral, bon et utile à la patrie.

Ne faudrait-il pas refondre toutes les constitutions de la république et de l'empire, les sénatus-consultes et l'acte additionnel, en réunir les élémens et les meilleurs principes, pour en former une constitution simple, unique, essentiellement libérale, véritablement représentative et nationale, forte par ses garanties, inattaquable par la division bien combinée des pouvoirs, immuable par leurs limites et les bornes de l'obéissance, impartiale, juste, claire et précise pour tous les citoyens, et en tout conforme au climat, au caractère et aux mœurs du peuple français, au perfectionnement de ses institutions et de son éducation, aussi bien qu'à l'esprit du siècle ?

L'acte additionnel aux constitutions, qui détermine le mode de la formation de la loi, et qui dès lors contient en lui-même le principe de toute amélioration qui serait conforme aux vœux du peuple, est-il aussi parfait que le demandent les lumières du siècle et l'opinion éclairée du public de la nation ?

Le pouvoir législatif ne doit-il pas être exercé par les représentans de la nation ? La chambre des représentans ne doit-elle pas avoir l'initiative ou la proposition de la loi, pour la perfectibilité de la législation française ?

La chambre des représentans ne doit-elle pas avoir le droit de nommer les pairs ? La nation veut-elle leur hérédité ? Du moins, et il n'y a pas de doute, elle veut que leur nombre soit limité pour sa propre sûreté et pour celle du trône.

La nomination du président de la chambre des représentans doit-elle absolument être soumise à l'approbation de l'empereur ? Soit : l'empereur doit-il nommer les présidens des colléges électoraux de département et d'arrondissement ? (1)

Un membre de la chambre des pairs, désigné par l'empereur, peut-il être président à vie et inamovible de chaque collége électoral de département ?

Les pairs peuvent-ils se juger eux-mêmes ? La nation qui veut conserver ses droits et ses libertés, peut-elle reconnaître un tribunal indépendant, au-dessus de la loi qui est au-dessus de l'empereur lui-même ? La loi n'est-elle pas au-dessus de tous les corps de l'Etat ?

La chambre des pairs peut-elle avoir le droit de juger un ministre accusé par la chambre des représentans ? N'est-ce pas la nation qui a le droit de juger les ministres, les pairs, et même les représentans ?

Le peuple français n'a-t-il pas le droit de nommer tous ses juges ?

Pour la garantie de la liberté individuelle, tout homme arrêté ou détenu ne peut-il pas, en vertu d'une loi, avoir le droit de demander à être jugé dans les vingt-

---

(1) Il faut le dire à la gloire de l'empereur Napoléon. Il n'y a pas un seul souverain en Europe, qui soit capable de limiter son autorité, comme il l'a fait lui-même. Il est essentiel que l'acte additionnel ait été donné tel qu'il est, afin de donner à la nation l'idée du mieux, d'une constitution meilleure encore et plus complette. Il est important pour la dynastie de l'Empereur, et pour la prospérité de la France, de l'améliorer et de la rendre aussi parfaite qu'elle peut l'être dans un siècle de lumières.

quatre heures, sans qu'aucun corps de l'Etat puisse s'y opposer? Les Français ne peuvent-ils pas faire l'application de la loi salutaire du *habeas corpus* des Anglais? Notre législation demande cette loi sage, sans laquelle il n'y a point de véritable liberté individuelle.

La liberté de la presse doit-elle être mise sous l'influence de la police, ou simplement de l'opinion publique?

Le peuple français n'a-t-il pas le droit de perfectionner ses constitutions dans tous les âges?

Mais le perfectionnement de toutes nos constitutions ne suffirait pas encore pour rendre la nation heureuse. Il n'est point de constitutions durables sans institutions libérales; il n'est point d'institutions libérales sans une éducation fondée sur le libre et entier développement des forces de l'homme et de toutes les facultés humaines, sans une instruction réelle et positive, commune à tous les enfans du peuple.

Cette éducation, pour être vraiment nationale, doit non seulement élever, instruire, exercer en commun tous les enfans du peuple; mais elle doit encore former l'homme, le citoyen, le héros, le législateur, le prince de la patrie, pour vouloir et faire le plus grand bien de la nation.

Représentans! si vous ne faites rien de mieux que ce que la nation a déjà fait elle-même depuis vingt-cinq ans, en quoi seriez-vous ses législateurs? Si vous faites une constitution sans établir des institutions pour former des hommes propres à la maintenir, que deviendra votre législation? que deviendra le gouvernement de la patrie, si elle n'a pas des hommes et des citoyens sur qui elle puisse compter ?

Chez les anciens, la législation n'était autre chose que l'éducation appliquée au gouvernement des hommes. C'était le grand art de former de bons citoyens, de rendre les peuples meilleurs et plus heureux. Si on eût proposé à un ancien législateur de donner une constitution libérale sans une éducation nationale, il aurait été fort embarrassé.

Demandez à un Minos, à un Cécrops, à un Lycurgue, à un Solon, s'il est possible de former un peuple libre et indépendant avec une constitution et un code de lois sur du papier ? Ils vous répondront : *ce ne sont point les lois, mais les institutions seules qui forment les hommes, et qui leur donnent des mœurs conservatrices des bons principes : l'éducation et les mœurs font seules les destinées des peuples.*

Soyez donc désormais les éducateurs du peuple aussi bien que ses législateurs. Formez des hommes courageux, des citoyens vertueux, si vous voulez former une nation libre. Donnez-lui des vertus actives, des mœurs simples et pures, des connaissances positives, une morale pratique, et non des livres et des lois qui les remplacent : nous avons assez de lois et de livres, mais nous manquons de vrais hommes.

Cependant, il faut le dire à notre gloire, nous en possédons quelques-uns, de ces *vrais hommes*, qui ont senti la vérité de ces principes et la nécessité de les appliquer dans notre siècle. C'est à quoi tendent l'excellent rapport fait par le ministre de l'Intérieur, et le

décret de l'empereur qui en est la suite , sur *l'impor-*
tance de l'éducation primaire pour l'amélioration du sort
de la société et sur l'application des meilleures méthodes.
C'est la première fois dans l'histoire de l'Europe mo-
derne, qu'un gouvernement libéral se soit occupé de
l'institution la plus utile et la plus indispensable à l'instruction du plus grand nombre des enfans du peuple :
C'est la meilleure chose qu'il soit possible de faire pour
le développement et le perfectionnement des facultés de
l'espèce humaine.

L'éducation et l'instruction sont et seront désormais les
premiers droits de la raison, qui seule connaît les vérita-
bles droits de l'homme.

J'ai pensé qu'un exposé des droits sacrés de la raison,
chose qui n'a pas encore été faite jusqu'à ce jour, était
nécessaire au peuple , pour bien comprendre les diffé-
rentes déclarations des droits de l'homme et du citoyen :
car, pour pouvoir être libre , l'homme doit se développer,
s'élever , s'instruire de ses devoirs , et se former selon
toute la dignité de sa nature.

Cet exposé simple des droits de la raison est le produit
des lumières du siècle. Tout homme sincère et géné-
reux qui aime l'humanité dont il fait partie, tout citoyen
qui aime franchement sa patrie et la liberté, y retrouvera
ses propres principes, ses pensées les plus libérales ,
ses idées les plus chères.

Les trois déclarations successives des droits et des
devoirs de l'homme et du citoyen, et les dispositions
générales de nos constitutions, qui contiennent les droits

du peuple français , forment le véritable *évangile politique de la nation.*

On les publie de nouveau , parce qu'on ne peut mieux instruire un peuple de ses devoirs que par ses propres principes; parce qu'ils sont uniques dans l'histoire du monde , bons et utiles pour tous les temps , honorables pour l'humanité et pour la patrie ; parce qu'ils renferment les meilleures maximes de la politique de notre nation, ses plus beaux titres à la gloire et à l'admiration de la postérité , et qu'ils forment, en quelque sorte , le code des législateurs de tous les âges , et les droits naturels de tous les peuples qui veulent être libres.

Force , santé, raison, vérité, justice, vertu, liberté , sagesse , prudence , union et fraternité , pour mes concitoyens.

Salut !

JOSEPH ALPHONSE.

Déclaration des Droits de la Raison.

LES droits et les devoirs de l'homme en société sont la subsistance, la conservation, l'éducation, l'instruction, l'usage de la raison, la connaissance de la vérité , la propagation des lumières, la justice ou l'équité, la probité , l'humanité, l'égalité, la liberté, la sûreté, la propriété, la paix, l'union , la force , la fraternité, la morale, la philosophie, la religion , la législation, l'application des lois de Dieu et de la nature, la déclaration du droit divin, naturel , humain , social, politique et civil, du droit public et des gens à tous les gouvernemens, l'établissement des institutions utiles, les constitutions libérales des peuples, et les représentations nationales.

Dès le jour de sa naissance ou de son entrée à la vie, l'enfant de l'homme a droit à sa subsistance.

La conservation est le droit de recourir à tous les moyens justes et humains qui peuvent conserver l'existence et la vie : ce droit appartient à tous les individus de l'espèce humaine.

L'éducation est le libre et entier développement du corps et de l'âme, du cœur et de l'esprit, ou des facultés physiques, morales et intellectuelles de l'homme : tout individu a droit aux moyens d'effectuer ce développement.

L'instruction est le droit qu'ont tous les hommes et tous les enfans du peuple, de recevoir de la société, les moyens d'acquérir les connaissances nécessaires au développement et au perfectionnement de leur nature.

L'usage de la raison est le droit sacré qu'ont tous les hommes de penser et d'agir d'après leurs propres lumières, et sans l'intervention des lumières surnaturelles, qui sont contraires au libre et entier développement de l'esprit humain : la liberté de l'esprit est pour l'homme, le droit divin.

La connaissance de la vérité est le droit naturel qu'ont tous les êtres intelligens et raisonnables, de connaître le bien et le mal, le vrai et le faux, le juste et l'injuste, l'honnête et le déshonnête, ce qui est essentiellement utile ou nuisible à la société.

Tous les hommes ont un droit égal à la connaissance de la vérité, de la dire, de l'écrire, de la publier, et de se la communiquer toute entière : là communication des pensées généreuses, des idées libérales est un des droits les plus précieux de l'humanité.

La propagation des lumières est le droit qu'ont tous les hommes éclairés de porter les connaissances utiles dans toute société et chez tous les peuples ; et quiconque possède la sagesse la doit aux hommes ; et tout homme sage a le droit d'enseigner la vérité à ses semblables.

La justice est le droit qu'ont tous les hommes, soit de se faire rendre à chacun ce qui leur appartient, soit de se rendre eux-mêmes la justice naturelle : tous ont droit à l'équité qui est la justice rendue.

La probité est la fidélité aux lois de la justice, et la fidélité aux hommes fait la sûreté de la société et la sécurité des citoyens de la patrie.

L'humanité est le droit et le devoir sacré de secourir son semblable, et d'en être secouru au besoin. *Et rien de ce qui intéresse l'humanité n'est étranger à l'homme.* Tout homme jouissant de ses droits, doit ses services à l'humanité aussi bien qu'à sa patrie.

La liberté est le libre exercice de sa raison, de son intelligence, de son génie, de ses talens et de toutes ses facultés pour faire le bien : elle consiste à pouvoir faire tout ce qui élève l'homme à la dignité de sa nature, et tout ce qui ne peut nuire aux hommes ni à la société.

L'égalité naturelle consiste en ce que la loi de la raison est la même pour tous les hommes ; elle n'admet de distinction entre eux que celle de la sagesse et de la vertu : la justice est aussi la même pour tous les hommes.

La sûreté est la confiance dans les forces de tous pour assurer les droits de chacun : l'offense ou l'injustice faite à un seul homme devient la cause de tous les hommes, comme la sûreté d'une nation intéresse toutes les autres.

La propriété est le droit de possession de soi-même, de jouir de ses facultés, du fruit de son travail, de son industrie, de ses talens et de son génie, et de toutes ses productions.

Le droit de la paix est celui qu'ont tous les hommes et tous les peuples de vouloir et de faire la paix, et de se refuser à tuer leurs semblables : un peuple n'a le droit de faire la guerre que pour défendre sa liberté, son indépendance et l'intégrité du sol de sa patrie.

L'union est le droit qu'ont tous les hommes, tous les citoyens et tous les peuples libres de se réunir et de rester unis : nulle puissance n'a le droit de troubler l'harmonie qui est le lien du genre humain.

La force est le droit que la nature donne à tous les hommes et à tous les peuples de défendre leurs libertés et tous leurs droits.

La fraternité est le droit qu'ont tous les hommes et tous les peuples de se fraterniser sur toute la terre, et de former du genre humain, une famille de frères et d'amis, en dépit des souverains ou des rois.

La morale est le droit de connaître les rapports et les principes qui lient les hommes et les peuples, par l'exer-

cice de leurs droits naturels et la pratique de leurs devoirs mutuels et réciproques.

La philosophie est le droit qu'ont tous les hommes
sages de rechercher et d'enseigner la vérité chez tous les
peuples, de propager les connaissances utiles et les lumières de la raison, de travailler à rendre les hommes
meilleurs et plus heureux, et de contribuer à la perfec-
tion et au bonheur du genre humain.

La religion est le droit divin qui assure à tous les hommes la liberté des consciences, et à tous les peuples, la
liberté des cultes : elle consiste à servir Dieu par des
actes de bienfaisance et de charité envers les hommes,
nos frères.

La législation est le droit qu'ont tous les hommes de
se donner des lois conformes à la nature, à la raison,
à la vérité, à la justice. La loi est la raison publique.
Elle ne peut ordonner ce que défend l'humanité. Nul
homme ne peut être contraint à faire ce qui est inhumain
et injuste. Tout homme a droit de se refuser à l'iniquité.
Et toute puissance ne peut vouloir, ordonner et faire
exécuter que ce qui est juste.

L'homme devant la loi, comme devant la puissance doit
conserver la dignité et la majesté de l'homme libre.
Tout homme, membre d'une société, est citoyen : nul
n'est, et ne peut être qualifié de sujet, même par un roi,
qui n'est que le premier citoyen d'une nation.

Le premier, le plus ancien et le plus beau de tous les
titres, est le titre d'homme, et le plus digne de l'homme,
est celui de citoyen.

Tout citoyen doit ses services à sa patrie, au maintien
de la liberté et des droits de l'homme.

La patrie, la nation ou le peuple sont avant le prince ou celui qui est appelé à lui donner des lois ou à gouverner selon les lois.

Le sage, le juste, l'homme de bien est le législateur naturel du peuple : ses représentans sont ou doivent être tous les citoyens éclairés de la patrie.

Les droits de l'homme, la loi de la raison, sont la lumière de toute législation, et contiennent les obligations des législateurs envers le peuple.

Toute législation est fondée sur la souveraineté du peuple : *Il est la seule source légitime du pouvoir;* toute autorité, toute puissance émane de lui.

L'homme n'est pas roi par la puissance, mais par la justice et l'humanité : celui qui veut être roi doit savoir être juste ; car celui qui ne sait point être juste, ne sait pas non plus être roi.

Il n'y a qu'un seul principe de gouvernement pour toutes les nations ; c'est celui de la raison, de la vérité, de la justice et de la liberté : *c'est le gouvernement unique.*

L'application des lois de Dieu et de la nature, est celle des lois de la raison et de l'humanité elle-même : ce droit est celui de tous les hommes et de tous les peuples.

La déclaration du droit divin, naturel, humain, social, politique et civil, du droit public et des gens à tous les gouvernemens, est également le droit de tous les hommes et de tous les peuples libres et éclairés.

L'établissement des institutions utiles et des constitutions libérales, est le droit commun de toutes les nations civilisées. Elles peuvent et doivent exercer ce droit commun, par les représentations nationales.

L'exercice universel de tous ces droits imprescriptibles et inaliénables , est pour tous les hommes , pour tous les peuples qui veulent être libres , le plus sacré de tous les devoirs.

Tout homme raisonnable , tout citoyen libre , tout peuple indépendant , toute société politique , toute nation à demi ou entièrement civilisée , se rendent coupables de LÈSE-LIBERTÉ de ne pas exercer leurs droits , et de ne point remplir des devoirs prescrits par la nature et par la raison.

PREMIÈRE DÉCLARATION,

Des Droits de l'Homme et du Citoyen.

LES représentans du peuple français , constitués en assemblée nationale , considérant que l'ignorance , l'oubli ou le mépris des droits de l'homme , sont les seules causes des malheurs publics et de la corruption des gouvernemens , ont résolu d'exposer dans une déclaration solennelle , les droits naturels , inaliénables et sacrés de l'homme , afin que cette déclaration , constamment présente à tous les membres du corps social , leur rappelle sans cesse leurs droits et leurs devoirs ; afin que les actes du pouvoir législatif et ceux du pouvoir exécucutif , pouvant être à chaque instant comparés avec le but de toute institution politique , en soient plus respectés ; afin que les réclamations des citoyens , fondées désormais sur des principes simples et incontestables , tour-

2

nent toujours au maintien de la constitution, et au bonheur de tous.

En conséquence, l'assemblée nationale reconnaît et
déclare, en présence et sous les auspices de l'Être-Suprême, les droits suivans de l'homme et du citoyen:

Les hommes naissent et demeurent libres et égaux en
droits. Les distinctions sociales ne peuvent être fondées
que sur l'utilité commune.

Le but de toute association politique est la conservation des droits naturels et imprescriptibles de l'homme.
Ces droits sont: la liberté, la propriété, la sûreté et la
résistance à l'oppression.

Le principe de toute souveraineté réside essentiellement dans la nation. Nul corps, nul individu ne peut
exercer d'autorité qui n'en émane expressément.

La liberté consiste à pouvoir faire tout ce qui ne nuit
pas à autrui: ainsi l'exercice des droits naturels de chaque
homme, n'a de bornes que celles qui assurent aux autres
membres de la société, la jouissance de ces mêmes droits.
Ces bornes ne peuvent être déterminées que par la loi.

La loi n'a le droit de défendre que les actions nuisibles à la société. Tout ce qui n'est pas défendu par la loi
ne peut être empêché, et nul ne peut être contraint à
faire ce qu'elle n'ordonne pas.

La loi est l'expression de la volonté générale. Tous les
citoyens ont droit de concourir personnellement, ou par
leurs représentans, à sa formation. Elle doit être la même
pour tous, soit qu'elle protège, soit qu'elle punisse. Tous
les citoyens étant égaux à ses yeux, sont également admissibles à toutes dignités, places et emplois publics, selon

leur capacité, et sans autre distinction que celle de leurs vertus et de leurs talens.

Nul homme ne peut être accusé, arrêté, ni détenu que dans les cas déterminés par la loi, et selon les formes qu'elle a prescrites. Ceux qui sollicitent, expédient, exécutent ou font exécuter des ordres arbitraires, doivent être punis : mais tout citoyen appelé ou saisi en vertu de la loi, doit obéir à l'instant; il se rend coupable par la résistance.

La loi ne doit établir que des peines strictement et évidemment nécessaires, et nul ne peut être puni qu'en vertu d'une loi établie et promulguée antérieurement au délit, et légalement appliquée.

Tout homme étant présumé innocent jusqu'à ce qu'il ait été déclaré coupable, s'il est jugé indispensable de l'arrêter, toute rigueur qui ne serait pas nécessaire pour s'assurer de sa personne, doit être sévèrement réprimée par la loi.

Nul ne doit être inquiété pour ses opinions, même religieuses, pourvu que leur manifestation ne trouble pas l'ordre établi par la loi.

La libre communication des pensées et des opinions est un des droits les plus précieux de l'homme : tout citoyen peut donc parler, écrire, imprimer librement, sauf à répondre de l'abus de cette liberté dans les cas déterminés par la loi.

La garantie des droits de l'homme et du citoyen, nécessite une force publique. Cette force est donc instituée pour l'avantage de tous, et non pour l'utilité particulière de ceux auxquels elle est confiée.

Pour l'entretien de la force publique, et pour les

dépenses d'administration , une contribution commune et indispensable : elle doit être également repartie entre tous les citoyens , en raison de leurs facultés.

Tous les citoyens ont droit de constater , par eux-mêmes ou par leurs représentans , la nécessité de la contribution publique , de la consentir librement , d'en suivre l'emploi , et d'en déterminer la quotité , l'assiette, le recouvrement et la durée.

La société a le droit de demander compte à tout agent public de son administration.

Toute société dans laquelle la garantie des droits n'est pas assurée , ni la séparation des pouvoirs déterminée , n'a point de constitution.

La propriété étant un droit inviolable et sacré , nul ne peut en être privé , si ce n'est lorsque la nécessité publique , légalement constatée , l'exige évidemment , et sous la condition d'une juste et préalable indemnité.

Dispositions fondamentales garanties par la Constitution de 1791 , ou première Déclaration des Droits du Peuple.

L'ASSEMBLÉE nationale voulant établir la constitution française , sur les principes qu'elle vient de reconnaître et de déclarer, abolit irrévocablement les institutions qui blessaient la liberté et l'égalité des droits.

Il n'y a plus ni noblesse , ni pairie, ni distinction héréditaire, ni distinction d'ordres , ni régime féodal , ni justices patrimoniales, ni aucun des titres , dénominations et prérogatives qui en dérivaient , ni aucun ordre de chevalerie , ni aucune des corporations ou décorations , pour lesquelles on exigeait des preuves de noblesse , ou qui supposaient des distinctions de naissance, ni aucune autre supériorité , que celle des fonctionnaires publics dans l'exercice de leurs fonctions.

Il n'y a plus ni vénalité , ni hérédité d'aucun office public. Il n'y a plus pour aucune partie de la nation , ni pour aucun individu , aucun privilége , ni exception au droit commun de tous les Français. Il n'y a plus ni jurandes, ni corporations de professions , arts et métiers.

La loi ne reconnaît plus ni vœux religieux , aucun autre engagement qui serait contraire aux droits naturels , ou à la constitution.

La constitution garantit comme droits naturels et civils :

Que tous les citoyens sont admissibles aux places et emplois , sans autre distinction que celles des vertus et des talens.

Que toutes les contributions seront reparties entre tous les citoyens également, en proportion de leurs facultés.

Que les mêmes délits seront punis des mêmes peines, sans aucune distinction des personnes.

La constitution garantit pareillement , comme droits naturels et civils :

La liberté à tout homme d'aller , de rester , de partir, sans pouvoir être arrêté , ni détenu , que selon les formes déterminées par la constitution ;

La liberté à tout homme de parler , d'écrire , d'imprimer et publier ses pensées , sans que ses écrits puissent être soumis à aucune censure ni inspection avant leur publication, et d'exercer le culte religieux auquel il est attaché ;

La liberté aux citoyens de s'assembler paisiblement et sans armes, en satisfaisant aux lois de police;

La liberté d'adresser aux autorités contituées des pétitions signées individuellement.

Le pouvoir législatif ne pourra faire aucunes lois qui portent atteinte et mettent obstacle à l'exercice des droits naturels et civils consignés dans le présent titre, et garantis par la constitution; mais comme la liberté ne consiste qu'à pouvoir faire tout ce qui ne nuit ni aux droits d'autrui, ni à la sûreté publique, la loi peut établir des peines contre les actes qui, attaquant ou la sûreté publique ou les droits d'autrui, seraient nuisibles à la société.

La constitution garantit l'inviolabilité des propriétés, ou la juste et préalable indemnité de celles dont la nécessité publique, légalement constatée, exigerait le sacrifice.

Les biens destinés aux dépenses du culte et à tous services d'utilité publique, appartiennent à la nation, et sont dans tous les temps à sa disposition.

La constitution garantit les aliénations qui ont été ou seront faites suivant les formes établies par la loi.

Les citoyens ont le droit d'élire ou de choisir les ministres de leurs cultes.

Il sera créé et organisé un établissement général de *secours publics*, pour élever les enfans abandonnés, soulager les pauvres infirmes, et fournir du travail aux pauvres valides qui n'auraient pas pu s'en procurer.

Il sera créé et organisé une *instruction publique*, commune à tous les citoyens, gratuite à l'égard des parties d'enseignemens indispensables pour tous les hommes, et dont les établissemens seront distingués graduellement, dans un rapport combiné avec la division du royaume.

Il sera établi des fêtes nationales pour conserver le souvenir de la révolution française, entretenir la fraternité entre les citoyens, et les attacher à la constitution, à la patrie et aux loix.

SECONDE DÉCLARATION.

Des Droits de l'Homme et du Citoyen.

Le peuple français, convaincu que l'oubli et le mépris des droits naturels de l'homme, sont les seules causes des malheurs du monde, a résolu d'exposer dans une déclaration solennelle ces droits sacrés et inaliénables, afin que tous les citoyens, pouvant comparer sans cesse les actes du gouvernement, avec le but de toute institution sociale, ne se laissent jamais opprimer et avilir par la tyrannie, afin que le peuple ait toujours devant les yeux les bases de sa liberté et de son bonheur, le magistrat la règle de ses devoirs, le législateur l'objet de sa mission.

En conséquence, il proclame, en présence de l'Être-Suprême, la déclaration suivante des droits de l'homme et du citoyen :

Le but de la société est le bonheur commun. Le gouvernement est institué pour garantir à l'homme la jouissance de ses droits naturels et imprescriptibles.

Ces droits sont : l'égalité, la liberté, la sûreté, la pro-priété.

Tous les hommes sont égaux par la nature et devant la loi.

La loi est l'expression libre et solennelle de la volonté générale ; elle est la même pour tous, soit qu'elle protége, soit qu'elle punisse ; elle ne peut ordonner que ce qui est juste et utile à la société, elle ne peut défendre que ce qui lui est nuisible.

Tous les citoyens sont également admissibles aux em-plois publics. Les peuples libres ne connaissent d'autres motifs de préférence dans leurs élections, que les vertus et les talens.

La liberté est le pouvoir qui appartient à l'homme de faire tout ce qui ne nuit pas aux droits d'autrui : elle a pour principe la nature ; pour règle, la justice ; pour sauve-garde, la loi ; sa limite morale est dans cette maxime : ne fais pas à un autre homme ce que tu ne veux pas qu'il te soit fait.

Le droit de manifester sa pensée et ses opinions, soit par la voie de la presse, soit de toute autre manière, le droit de s'assembler paisiblement, le libre exercice des cultes, ne peuvent être interdits.

La nécessité d'énoncer ses droits, suppose, ou la pré-sence ou le souvenir récent du despotisme.

La sûreté consiste dans la protection accordée par la société à chacun de ses membres pour la conservation de sa personne, de ses droits et de ses propriétés.

La loi doit protéger la liberté publique et individuelle contre l'oppression de ceux qui gouvernent.

Nul ne doit être accusé, arrêté, ni détenu que dans les cas déterminés par la loi et selon les formes qu'elle a prescrites. Tout citoyen, appelé ou saisi par l'autorité de la loi, doit obéir à l'instant; il se rend coupable par la résistance.

Tout acte exercé contre un homme hors des cas et sans les formes que la loi détermine, est arbitraire et tyrannique; celui contre lequel on voudrait l'exécuter par la violence, a le droit de le repousser par la force.

Ceux qui solliciteraient, expédieraient, signeraient, exécuteraient ou feraient exécuter des actes arbitraires, sont coupables et doivent être punis.

Tout homme étant présumé innocent jusqu'à ce qu'il ait été déclaré coupable, s'il est jugé indispensable de l'arrêter, toute rigueur qui ne serait pas nécessaire pour s'assurer de sa personne, doit être sévèrement réprimée par la loi.

Nul ne doit être jugé et puni qu'après avoir été entendu ou légalement appelé, et qu'en vertu d'une loi promulguée antérieurement aux délits. La loi qui punirait des délits commis avant qu'elle existât, serait une tyrannie; l'effet rétroactif donné à la loi serait un crime.

La loi ne doit décerner que des peines strictement et évidemment nécessaires : les peines doivent être proportionnées au délit et utiles à la société.

Le droit de propriété est celui qui appartient à tout citoyen, de jouir et de disposer à son gré de ses biens et de ses revenus; du fruit de son travail et de son industrie.

Nul genre de travail, de culture et de commerce ne peut être interdit à l'industrie des citoyens.

Tout homme peut engager ses services, son temps ; mais il ne peut se vendre ni être vendu ; sa personne n'est pas une propriété aliénable. La loi ne connaît point de domesticité : il ne peut exister qu'un engagement de soins et de reconnaissance , entre l'homme qui travaille et celui qui l'emploie.

Nul ne peut être privé de la moindre portion de sa propriété sans son consentement, si ce n'est lorsque la nécessité publique légalement constatée l'exige , et sous la condition d'une juste et préalable indemnité.

Nulle contribution ne peut être établie que pour l'utilité générale. Tous les citoyens ont droit de concourir à l'établissement des contributions , d'en surveiller l'emploi et de s'en faire rendre compte.

Les secours publics sont une dette sacrée. La société doit la subsistance aux citoyens malheureux , soit en leur procurant du travail , soit en assurant les moyens d'exister à ceux qui sont hors d'état de travailler.

L'instruction est le besoin de tous, la société doit favoriser de tout son pouvoir les progrès de la raison publique, et mettre l'instruction à la portée de tous les citoyens.

La garantie sociale consiste dans l'action de tous, pour assurer à chacun la jouissance et la conservation de ses droits : cette garantie repose sur la souveraineté nationale.

Elle ne peut exister, si les limites des fonctions publiques ne sont pas clairement déterminées par la loi, et si la responsabilité de tous les fonctionnaires n'est pas assurée.

La souveraineté réside dans le peuple ; elle est une et indivisible, imprescriptible et inaliénable.

Aucune portion du peuple ne peut exercer la puissance du peuple entier ; mais chaque section du souverain assemblé, doit jouir du droit d'exprimer sa volonté avec une entière liberté.

Un peuple a toujours le droit de revoir, de réformer et de changer sa constitution. Une génération ne peut assujétir à ses lois les générations futures.

Chaque citoyen a un droit égal de concourir à la formation de la loi et à la nomination de ses mandataires ou de ses agens.

Les fonctions publiques sont essentiellement temporaires ; elles ne peuvent être considérées comme des distinctions ni comme des récompenses, mais comme des devoirs.

Les délits des mandataires du peuple et de ses agens ne doivent jamais être impunis. Nul n'a le droit de se prétendre plus inviolable que les autres citoyens.

Le droit de présenter des pétitions aux dépositaires de l'autorité publique ne peut, en aucun cas, être interdit, suspendu, ni limité.

La résistance à l'oppression est la conséquence des autres droits de l'homme. Il y a oppression contre le corps social lorsqu'un seul de ses membres est opprimé : il y a oppression contre chaque membre lorsque le corps social est opprimé. Le gouvernement ne doit jamais violer les droits du peuple.

La constitution garantit à tous les Français l'égalité, la liberté, la sûreté, la propriété, la dette publique, le libre exercice des cultes, une instruction commune, des secours publics, la liberté indéfinie de la presse, le droit de pétition, le droit de se réunir en sociétés populaires, la jouissance de tous les droits de l'homme et du citoyen.

La république française honore la loyauté, le courage, la vieillesse, la piété filiale, le malheur. Elle remet le dépôt de sa constitution sous la garde de toutes les vertus.

TROISIÈME DÉCLARATION.

Des Droits et des Devoirs de l'Homme et du Citoyen.

LE peuple français proclame, en présence de l'Être-Suprême, la déclaration suivante des droits et des devoirs de l'homme et du citoyen.

Droits.

Les droits de l'homme en société sont la liberté, l'égalité, la sûreté, la propriété.

La liberté consiste à pouvoir faire ce qui ne nuit pas aux droits d'autrui.

L'égalité consiste en ce que la loi est la même pour tous, soit qu'elle protège, soit qu'elle punisse. Elle n'admet aucune distinction de naissance, aucune hérédité de pouvoirs.

La sûreté résulte du concours de tous pour assurer les droits de chacun.

La propriété est le droit de jouir et de disposer de ses biens, de ses revenus, du fruit de son travail et de son industrie.

La loi est la volonté générale exprimée par la majorité ou des citoyens, ou de leurs représentans.

Ce qui n'est pas défendu par la loi ne peut être empêché.

Nul ne peut être contraint de faire ce qu'elle n'ordonne pas.

Nul ne peut être appelé en justice, accusé, arrêté ni détenu, que dans les cas déterminés par la loi, et selon les formes qu'elle a prescrites.

Ceux qui sollicitent, expédient, signent, exécutent ou font exécuter des actes arbitraires, sont coupables et doivent être punis.

Toute rigueur qui ne serait pas nécessaire pour s'assurer de la personne d'un prévenu, doit être sévèrement réprimée par la loi.

Nul ne peut être jugé qu'après avoir été entendu ou légalement appelé.

La loi ne doit décerner que des peines strictement nécessaires et proportionnées au délit.

Tout traitement qui aggrave la peine déterminée par la loi est un crime.

Aucune loi, ni civile, ni criminelle, ne peut avoir d'effet rétroactif.

Tout homme peut engager son temps et ses services, mais il ne peut se vendre ni être vendu, sa personne n'est pas une propriété aliénable.

Toute contribution est établie pour l'utilité générale, elle doit être répartie entre les contribuables, en raison de leurs facultés.

La souveraineté réside essentiellement dans l'universalité des citoyens.

Nul individu, nulle réunion partielle de citoyens ne peut s'attribuer la souveraineté.

Nul ne peut sans une délégation légale, exercer aucune autorité, ni remplir aucune fonction publique.

Chaque citoyen a un droit égal de concourir, immédiatement ou médiatement à la formation de la loi, à la nomination des représentans du peuple et des fonctionnaires publics.

Les fonctions publiques ne peuvent devenir la propriété de ceux qui les exercent.

La garantie sociale ne peut exister si la division des pouvoirs n'est pas établie, si leurs limites ne sont pas fixées, et si la responsabilité des fonctionnaires publics n'est pas assurée.

Devoirs.

L A déclaration des droits contient les obligations des législateurs : le maintien de la société demande que ceux qui la composent connaissent et remplissent également leurs devoirs.

Tous les devoirs de l'homme et du citoyen dérivent de

ces deux principes, gravés par la nature dans tous les cœurs :

Ne faites pas à autrui ce que vous ne voudriez pas qu'on vous fît. Faites constamment aux autres le bien que vous voudriez en recevoir.

Les obligations de chacun envers la société consistent à la défendre, à la servir, à vivre soumis aux lois, et à respecter ceux qui en sont les organes.

Nul n'est bon citoyen, s'il n'est bon fils, bon père, bon frère, bon ami, bon époux.

Nul n'est homme de bien, s'il n'est franchement et religieusement observateur des lois.

Celui qui viole ouvertement les lois, se déclare en état de guerre avec la société.

Celui qui, sans enfreindre ouvertement les lois, les élude par ruse ou par adresse, blesse les intérêts de tous; il se rend indigne de leur bienveillance et de leur estime.

C'est sur le maintien des propriétés que reposent la culture des terres, toutes les productions, tout moyen de travail, et tout l'ordre social.

Tout citoyen doit ses services à la patrie et au maintien de la liberté, de l'égalité et de la propriété, toutes les fois que la loi l'appelle à les défendre.

Instruction publique.

Il y a dans la république des écoles primaires où les élèves apprennent à lire, à écrire, les élémens du calcul et ceux de la morale. La république pourvoit aux frais de logement des instituteurs préposés à ces écoles.

Il y a dans les diverses parties de la république des écoles supérieures aux écoles primaires, et dont le nombre sera tel, qu'il y en ait au moins une pour deux départemens.

Il y a pour toute la république un institut national, chargé de recueillir les découvertes, de perfectionner les arts et les sciences.

Les divers établissemens d'instruction publique n'ont entre eux aucun rapport de subordination, ni de correspondance administrative.

Les citoyens ont le droit de former des établissemens particuliers d'éducation et d'instruction, ainsi que des sociétés libres, pour concourir aux progrès des sciences, des lettres et des arts.

Il sera établi des fêtes nationales pour entretenir la fraternité entre les citoyens, et les attacher à la constitution, à la patrie et aux lois.

Dispositions générales de la Constitution de 1793, ou seconde Déclaration des Droits du Peuple.

Il n'existe entre les citoyens d'autre supériorité que celle des fonctionnaires publics, et relativement à l'exercice de leurs fonctions.

La loi ne reconnaît ni vœux religieux, ni aucun engagement contraire aux droits naturels de l'homme.

Nul ne peut être empêché de dire, écrire, imprimer et publier sa pensée.

Les écrits ne peuvent être soumis à aucune censure avant leur publication.

Nul ne peut être responsable de ce qu'il a écrit ou publié, que dans les cas prévus par la loi.

Nul ne peut être empêché d'exercer, en se conformant aux lois, le culte qu'il a choisi.

Nul ne peut être forcé de contribuer aux dépenses d'un culte. La république n'en salarie aucun.

Il n'y a ni privilége, ni maîtrise, ni jurande, ni limitation à la liberté de la presse, du commerce, et à l'exercice de l'industrie et des arts de toute espèce.

Toute loi prohibitive en ce genre, quand les circonstances la rendent nécessaire, est essentiellement provisoire, et n'a d'effet que pendant un an au plus, à moins qu'elle ne soit formellement renouvellée.

La loi surveille particulièrement les professions qui intéressent les mœurs publiques, la sûreté et la santé des citoyens; mais on ne peut faire dépendre l'admission à l'exercice de ces professions d'aucune prestation pécuniaire.

La loi doit pourvoir à la récompense des inventeurs ou au maintien de la propriété exclusive de leurs découvertes ou de leurs productions.

La constitution garantit l'inviolabilité de toutes les propriétés, ou la juste indemnité de celles dont la nécessité publique, légalement constatée, exigerait le sacrifice.

La maison de chaque citoyen est un asile inviolable : pendant la nuit, nul n'a le droit d'y entrer que dans le cas d'incendie, d'inondation, ou de réclamation venant de l'intérieur de la maison.

Pendant le jour, on peut y exécuter les ordres des autorités constituées. Aucune visite domiciliaire ne peut avoir lieu qu'en vertu d'une loi, et pour la personne ou l'objet expressément désigné dans l'acte qui ordonne la visite.

Il ne peut être formé de corporations ni d'associations contraires à l'ordre pnblic.

Aucune assemblée de citoyens ne peut se qualifier de société populaire.

Aucune société particulière, s'occupant de questions politiques, ne peut correspondre avec une autre, ni s'affilier à elle, ni tenir des séances publiques, composées de sociétaires et d'assistans distingués les uns des autres, ni imposer des conditions d'admission et d'éligibilité, ni s'arroger des droits d'exclusion, ni faire porter à ses membres aucun signe extérieur de leur association.

Tous les citoyens sont libres d'adresser aux autorités publiques des pétitions; mais elles doivent être individuelles : nulle association ne peut en présenter de collectives, si ce n'est les autorités constituées, et seulement pour des objets propres à leur attribution. Les pétitionnaires ne doivent jamais oublier le respect dû aux autorités constituées.

Tout attroupement armé est un attentat à la constitution; il doit être dissipé sur-le-champ par la force.

Tout attroupement non armé doit être également dissipé, d'abord par voie de commandement verbal, et, s'il est nécessaire, par le développement de la force armée.

Plusieurs autorités constituées ne peuvent jamais se réunir pour délibérer ensemble; aucun acte émané d'une telle réunion ne peut être exécuté.

Nul ne peut porter des marques distinctives qui rappellent des fonctions antérieurement exercées, ou des services rendus.

Les membres du corps législatif, et tous les fonctionnaires publics, portent dans l'exercice de leurs fonctions, le costume ou le signe de l'autorité dont ils sont revêtus.

Nul citoyen ne peut renoncer, ni en tout, ni en partie, à l'indemnité ou au traitement qui lui est attribué par la loi, à raison de fonctions publiques.

Les biens des émigrés sont irrévocablement acquis au profit de la république.

La nation française proclame pareillement, comme garantie de la foi publique, qu'après une adjudication légalement consommée de biens nationaux, quelle qu'en soit l'origine, l'acquéreur légitime ne peut en être dépossédé, sauf aux tiers-réclamans à être, s'il y a lieu, indemnisés par le trésor national.

Les citoyens se rappelleront sans cesse que c'est de la sagesse des choix dans les assemblées primaires et électorales, que dépendent principalement la durée, la conservation et la prospérité de la république.

La force publique.

La force publique est instituée pour défendre l'état contre les ennemis du dehors, et assurer au-dedans le maintien de l'ordre et l'exécution des lois.

La force générale de la république est composée du peuple entier.

La république entretient à sa solde, même en temps de paix, une force armée de terre et de mer.

Tous les Français sont soldats lorsque la nation est attaquée, ils sont tous exercés au maniement des armes·

La force publique est essentiellement obéissante ; nul corps armé ne peut délibérer.

Elle se distingue en garde nationale sédentaire et en garde nationale en activité. Elle est composée de tous les citoyens et fils de citoyens en état de porter les armes. Et les armées de terre et de mer , ne sont autre chose que les gardes nationales en activité.

Des rapports de la Nation française avec les Nations étrangères.

LA Nation française renonce à entreprendre aucune guerre dans la vue de faire des conquêtes , et n'emploiera jamais ses forces contre la liberté d'aucun peuple. (*Constitution de* 1791.)

Le Peuple français est l'ami et l'allié naturel des peuples libres.

Il ne s'immisce point dans le gouvernement des autres nations ; il ne souffre pas que les autres nations s'immiscent dans le sien.

Il donne asile aux étrangers bannis dans leur patrie pour la cause de la liberté ; il le refuse aux tyrans.

La guerre ne peut être décidée que par la volonté nationale. Toute l'armée et son chef obéissent à cette volonté suprême.

Disposition générales de la Constitution de l'an 8, ou troisième Déclaration des Droits du Peuple.

LA maison de toute personne habitant le territoire français, est un asile inviolable.

Pendant la nuit, nul n'a le droit d'y entrer que dans le cas d'incendie, d'inondation, ou de réclamation faite de l'intérieur de la maison.

Pendant le jour, on peut y entrer pour un objet spécial déterminé ou par une loi, ou par un ordre émané d'une autorité publique.

Pour que l'acte qui ordonne l'arrestation d'une personne, puisse être exécuté, il faut, 1° qu'il exprime formellement le motif de l'arrestation, et la loi en exécution de laquelle elle est ordonnée; 2° qu'il émane d'un fonctionnaire à qui la loi ait donné formellement ce pouvoir; 3° qu'il soit notifié à la personne arrêtée, et qu'il lui en soit laissée copie.

Un gardien ou geolier ne peut recevoir ou détenir aucune personne qu'après avoir transcrit sur son régistre l'acte qui ordonne l'arrestation : cet acte doit être un mandat donné dans les formes prescrites, par l'article précédent, ou une ordonnance de prise de corps, ou un décret d'accusation, ou un jugement.

Tout gardien ou geolier est tenu, sans qu'aucun ordre puisse l'en dispenser, de représenter la personne détenue à l'officier civil ayant la police de la maison de détention, toutes les fois qu'il en sera requis par cet officier.

La représentation de la personne détenue ne pourra

être refusée à ses parens et amis, porteurs de l'ordre de l'officier civil, lequel sera toujours tenu de l'accorder, à moins que le gardien ou geolier ne représente une ordonnance du juge pour tenir la personne au secret.

Tous ceux qui n'ayant point reçu de la loi le pouvoir de faire arrêter, donneront, signeront, exécuteront l'arrestation d'une personne quelconque ; tous ceux qui dans le cas de l'arrestation autorisée par la loi, recevront ou retiendront la personne arrêtée, dans un lieu de détention non publiquement et légalement désigné comme tel, et tous les gardiens ou geoliers qui contreviendront aux dispositions des trois articles précédens, seront coupables du crime de détention arbitraire.

Toutes rigueurs employées dans les arrestations, détentions ou exécutions, autres que celles autorisées par les lois, sont des crimes.

Toute personne a le droit d'adresser des pétitions individuelles à toute autorité constituée.

La force publique est essentiellement obéissante ; nul corps armé ne peut délibérer.

Les délits militaires sont soumis à des tribunaux spétiaux, et à des formes particulières de jugement.

La nation française déclare qu'il sera accordé des pensions à tous les militaires blessés à la défense de la patrie, ainsi qu'aux veuves et aux enfans des militaires morts sur le champ de bataille ou des suites de leurs blessures.

Il sera décerné des récompenses nationales aux guerriers qui auront rendu des services éclatans en combattant pour la république.

Un institut national est chargé de recueillir les découvertes, de perfectionner les sciences et les arts.

Une commission de comptabilité nationale règle et vérifie les comptes des recettes et des dépenses de la république.

Un corps constitué ne peut prendre de délibération que dans une séance où les deux tiers au moins de ses membres se trouvent présens.

Dans le cas de révolte à main armée, ou de troubles qui menacent la sûreté de l'Etat, la loi peut suspendre, dans les lieux et pour le temps qu'elle détermine, l'empire de la constitution.

Mais comme la loi ne peut être faite que par la nation, elle se réserve le droit sacré de changer, d'améliorer, de perfectionner toutes ses constitutions.

La nation et l'opinion publique, demandant aux législateurs, une nouvelle déclaration des droits et des devoirs de l'homme et du citoyen, qui sera mise en tête de la constitution et du Code civil des Français. C'est dans cette vue que l'auteur a entrepris cet ouvrage, qui est utile et même nécessaire à tous les citoyens.

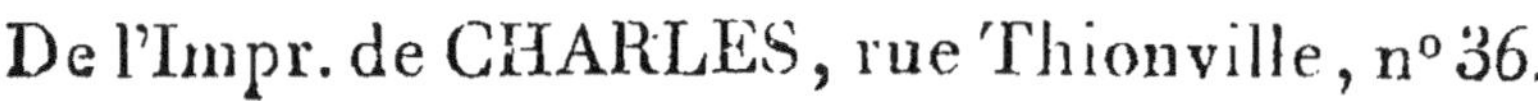

I N.

De l'Impr. de CHARLES, rue Thionville, n° 36.

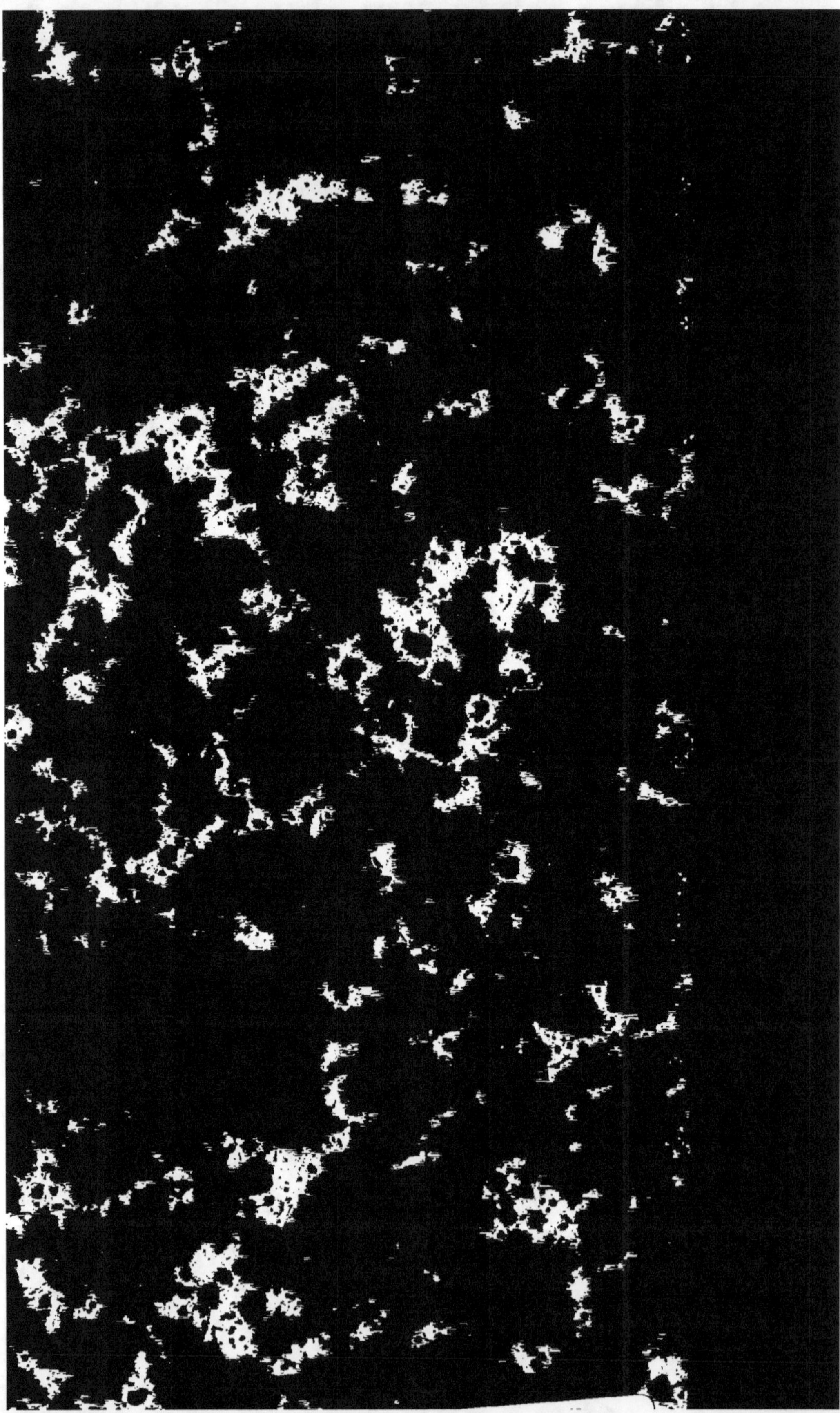

www.ingramcontent.com/pod-product-compliance
Lightning Source LLC
Chambersburg PA
CBHW051732050726

47598CB00003B/1158